LETTRES
DU
GRENADIER LAFRANCHISE
AU GRENADIER LAVALEUR.

Mourir pour la patrie !

LETTRE PREMIÈRE.

Paris, le 28 mai 1815.

J'ARRIVE à Paris, mon cher Lavaleur, et, ainsi que je te l'ai promis en te quittant, je me hâte de t'écrire.

Fidèle à la promesse que je t'ai faite, je veux t'instruire de tout ce qui se passe ou viendra à se passer d'intéressant dans cette vaste cité; mais tu conçois bien, mon brave, que je n'irai pas t'entretenir des évènemens des coulisses, des fluctuations de la bourse et des espérances des gobes-mouches. Non, des sujets plus graves m'occuperont uni-

quement ; je serai tout entier à la grande affaire de notre situation politique.

Compte sur mon exactitude à te faire part de toutes les discussions auxquelles la constitution donnera lieu, soit dans le public, soit à la chambre des députés. Tu sauras avec détails tout ce que le gouvernement fera, soit en bien, soit en mal : je ne te laisserai pas ignorer non plus les injustices, les caprices, les petits actes de despotisme des ministères, si, par hasard, ils en commettent, ce que je suis bien loin de présumer. Enfin, mon cher, j'userai de la faculté accordée par l'article 64 de l'acte additionnel, comme doit le faire un bon Français, un galant homme, un vrai patriote, qui, en 1789, fut un des premiers à monter à la tribune et à arborer les couleurs chéries qui viennent de nous être rendues.

Ne compte pas sur une correspondance régulière et à jour fixe. Tu sais bien que toujours je fus assez sans gêne ; quand j'aurai des matériaux suffisans pour une lettre, je ne te la ferai point attendre ; mais j'aime mieux garder le silence et te faire un peu jurer entre les dents, que de t'écrire du *remplissage ;* ainsi, arrange-toi là-dessus.

Peut-être, mon brave camarade, opposera-t-on aux communications que je te ferai, et aux discussions qui en seront la suite, que *l'armée*, *essentiellement obéissante*, *ne doit point délibérer:* d'accord. Je répondrai que s'instruire de ses intérêts les plus chers, ce n'est point *délibérer ;* que le desir de connaître tous ses *droits*, car le soldat français est aussi citoyen, marche toujours avec la volonté de remplir ses *devoirs*. N'est-ce pas ainsi que pense tout soldat français ?

Ainsi donc, je me livre avec d'autant plus de plaisir à notre commerce épistolaire, que j'ai le sentiment qu'il pourra en résulter quelque bien pour la patrie et pour l'Empereur : on est toujours disposé à chérir et à défendre ce que l'on connaît bien, ce qui doit assurer notre bonheur et celui de nos concitoyens. Le soldat français n'est point un automate qui se bat parce qu'on lui dit de se battre : moitié moins fort physiquement que ses collègues les Prussiens et les Russes, il est, et tout le monde en conviendra, capable des plus grandes choses. Pourquoi cela? c'est qu'il raisonne, c'est que lorsqu'il agit, un instant lui suffisant pour calculer l'universalité des chances, il met dans son action toute la chaleur que donne la certitude du succès. Le jour d'une affaire, le plan, les dispositions sont appréciés dans les rangs. Turenne, la veille d'une bataille décisive, se promenait pensif dans son camp, enveloppé dans un manteau, afin de n'être pas reconnu ; il s'approche du bivouac de la garde avancée, et, sans être aperçu, écoute la conversation de quelques grenadiers. « He bien! nous attaquons demain? — Oui, et nous serons battus. — Comment morbleu! battus! — C'est tout simple; nous sommes mal placés. Le maréchal n'a pas songé à faire occuper ce petit bois ; l'ennemi s'y logera : en le longeant, il nous débordera, et nous serons..... De Flandre, entends-tu bien? N'importe, le général a de bonnes intentions. Un grand homme n'est pas à l'abri d'une erreur, d'une inadvertance, d'une faute même ; c'est égal, nous ferons notre devoir. A sa santé! » Le maréchal, précisément parce qu'il était un grand homme, profita de l'observation. Le petit bois fut occupé ; la bataille fut gagnée, et le donneur d'avis fut fait officier. Un Prussien n'aurait rien dit, parce qu'il n'aurait rien pensé, et il eût été tué avec le reste de l'armée.

Tu sauras que mon premier besoin, en arrivant ici, a

été d'aller contempler l'homme étonnant que nous admirons tous ; qui, grand dans les succès, plus grand encore dans l'infortune, puisqu'elle n'a pu abattre son courage, travaille quinze heures par jour à consolider le bonheur du peuple au dedans, et à rétablir sa gloire et sa prépondérance au dehors. Je l'ai vu au milieu des braves, qui, avant d'aller se mettre en ligne, viennent se retremper au foyer de la victoire. Je n'essaierai pas de te rendre l'enthousiasme qui éclate à chacune des revues de l'Empereur; car ces choses-là, mon vieux, se voyent, se sentent, mais ne s'expriment pas. Tiens, je donnerais dix poils de ma moustache grisonnante pour que ces lapins de Gand et de Vienne pussent être témoins de cet élan de joie, de cette ivresse qui ne peuvent partir que du cœur.

Tu apprendras avec plaisir que le patriotisme et le dévouement du peuple de Paris est égal à celui de l'armée : je dis du *peuple*, car il est du *bon ton* d'être royaliste sans *R*, comme ils prononcent tous. Dans la *bonne société*, les femmes, tous les soirs, jasent, jasent comme des pies borgnes, et raisonnent à faire trembler sur les évènemens qui doivent nous ramener le roi *paternel*, non par un sentier semé de lys et de roses, mais bien par une route jonchée de cadâvres français, et éclairée par les flammes de l'incendie des cabanes du laboureur, des usines des manufacturiers et des édifices des opulentes cités. De petits bons hommes, se trémoussant comme des marionettes, ayant des soulèvemens de cœur aux batteries de Ruggieri, à cause de la forte odeur de poudre à canon, y promettent de tout pourfendre lorsque le *Desiré* sera *solidement* installé aux *Tuileries*. On s'y passe de main en main des écrits mystérieux, qui ne contiennent que des balivernes ; on y parie mille louis que Napoléon sera en fuite avant huit jours, et en voilà plus de trente que ces gageures, bien françaises comme tu vois, sont expirées et non soldées. Le *peuple*, au contraire, s'occupe toute la semaine de son travail, de ses affaires ; le dimanche, il va crier de bon cœur : *Vive l'Empereur!* sur la place du Carrousel, et le soir, boire la bouteille de bierre au café Montansier...... Si cet écrit tombait dans les mains de quelque belle poupée à la mode : fi donc! s'écrierait-elle, la Montansier! quelle horreur!.... — Eh! tout beau, ma belle dame : pour un ami de son pays, ces *soirées*-là valent bien celles passées autour d'un tapis vert. On y trouve de la franche gaîté, un patriotisme brûlant ; et si l'on n'y chante pas toujours juste, du moins les sentimens exprimés sur les airs les plus connus, sont ceux que devraient avoir tous les Français. Au demeurant, mon brave, ne va pas imaginer que tous les gens aisés ou riches soient anti-patriotes; beaucoup, mais beaucoup, pensent comme toi et moi, et le prouveront dans l'occasion. Il est aussi une quantité de jolies femmes, bien jeunes, bien petites-maîtresses, qui rafollent de Napoléon, et qui déposeraient volontiers tous leurs colifichets sur l'autel de la patrie. Tiens, en général, qui dit *bourbonienne*, dit vieille et laide, et *bourbonien*, fat voltigeur de Louis XIV.

L'esprit public des départemens est au moins aussi bon que celui de la capitale; tous les jours il en arrive des adresses pleines d'expressions du plus pur amour de la patrie. Les actes de dévouement se pressent, se multiplient à l'infini ; les fédérations, sois-en certain, seront, avant peu, universelles dans tout l'empire. Déja la majeure partie des électeurs et des députés à la chambre des représentés sont arrivés, et il est aisé de les reconnaître à un air ouvert et joyeux, qui caractérise leur attachement *entendu*. L'Autriche? Qu'elle y prenne garde. Je vois d'ici un gros chien d'Italie, qui, pendant qu'elle nous montrera la face, pourra bien lui dévorer les molets..... Les Russes? ..... ils sont encore si loin! En vérité, tout ce monde-là devrait bien ne pas perdre de vue que, chaque vingt-quatre heures qu'il nous laisse, le recule de plusieurs années.... Tout bien considéré, mon vieux, tu seras de mon avis : on ne se battra point.

Se battre ! eh mon dieu ! pourquoi donc ? Pour qui ? Le peuple français l'a exprimé avec franchise : il ne veut rien à personne, il ne veut qu'être libre et tranquille *chez lui*, et il me semble que c'est bien naturel. On va donc faire *exterminer* des millions d'hommes ; car, pour envahir la France, jamais, jamais !.... Et cela, pour faire régner M. de Blacas ! Mon sang bouillonne à cette idée..... Quoi ! cette noble et riche France, si grande, si magnanime, si savante, serait asservie au joug de l'orgueil et de la sottise ? Des hommes qui n'ont jamais brûlé une amorce, voudraient commander à nos belliqueuses phalanges! Des êtres qui n'ont cessé de se traîner dans la poussière des préjugés gothiques, auraient les prétentions de nous faire rétrograder, et de ramener notre génie aux dimensions de leur compas racorni !.... Tiens, mon brave camarade, écrire seulement ces choses-là, exalte mon indignation; j'en broye entre mes dents le tuyau de mon brûle-gueule.....

Qu'a donc fait *le peuple français*, pour mériter que l'Europe entière se coalise et s'arme contre lui? Fatigué d'un gouvernement décrépit, et humilié d'être régi selon les caprices de quelques catins ou de quelques caffards ; ayant le noble sentiment de sa force, il a secoué le joug ; il a renversé l'édifice ridicule de ses institutions, pour lui en substituer un autre, plein de majesté, dont toutes les parties savamment coordonnées, assuraient son bonheur à l'intérieur et sa prépondérance au dehors? Sans doute dans la lutte qu'il a eu à soutenir contre les intéressés à son perpétuel asservissement, il y a eu quelques fautes de faites; dans ce choc extraordinaire, quelque crime même a pu être commis? Un coursier noble et fougueux doit-il donc s'arrêter au milieu de sa carrière, dans la crainte d'écraser quelques vils insectes qui cherchent à l'arrêter? Au demeurant, le peuple français a été le premier à gémir de ses écarts : il a tout fait pour les réparer. Mais n'a-t-il pas le droit d'être étonné que, dans ces choses, qui sont purement des évènemens intérieurs de la famille, ses voisins veuillent intervenir, alors qu'ils n'en sont point sollicités? Le Grand-Turc, naguère, a été renversé de son trône; un autre l'a remplacé : en avons-nous demandé raison à la sublime Porte?

Cependant des dissensions politiques fatiguaient, énervaient le corps social. Tandis que ses armées triomphaient à l'extérieur, d'obscurs intrigans se disputaient le pouvoir dans l'intérieur. Un jeune guerrier paraît : il porte une âme de feu, et unit au coup d'œil perçant de l'aigle, la raison profonde de la sagesse. Mu par un sentiment sublime d'enthousiasme, et pénétré d'une véritable admiration pour le peuple qui a déja fait pâlir l'Europe entière, il se charge de le rendre à la tranquillité, au bonheur, sans lui rien faire perdre de sa puissance achetée par tant de sang et de sacrifices. A-t-il tenu parole? Elevé sur le pavois par le peuple et l'armée, il est *reconnu*, *recherché* par toutes les puissances. Heureux de notre félicité, ivre de notre gloire, il s'est peut-être laissé entraîner au-delà du but que la sagesse lui eût assigné, si le clairon belliqueux n'eût étouffé sa voix solennelle. Il est homme, il a fait des fautes; l'ouragan de l'adversité est venu fondre sur sa tête superbe; elle a dû courber, mais son grand cœur n'en a pas été ébranlé. Il s'est soumis aux arrêts du destin, sans cesser de faire des vœux pour le bonheur des Français.

Un prince appelé à régner *sur la France*, par une loi que le peuple français avait formellement abolie, est ramené conduit par l'implacable et éternel ennemi de notre sainte patrie. Le peuple exténué, soupirant après le repos, et encore altéré de la catastrophe qui le prive de l'homme étonnant qu'il a si souvent blâmé, mais qu'il adore toujours, n'oppose point de résistance; et l'armée qui entend encore les airs retentir du nom d'un *brave*, oublie ses plus chères affections, en songeant que du moins l'honneur lui restera pour le dédommager de ce qu'il a perdu. Ainsi l'armée se soumet comme le peuple, sans enthousiasme, dans le silence morne et expressif de la douleur.

Le roi et sa famille, absolument inconnus des neuf-dixièmes des Français, incapables d'inspirer par eux-mêmes le moindre enthousiasme (pourquoi en auraient-ils inspiré? qu'avaient-ils fait?), se font précéder par quelques-uns de leurs partisans, qui, pour échauffer un peu l'opinion glacée, fatiguent les échos du nom d'un de leurs ayeux, d'Henri IV, monarque toujours cher aux Français, parce qu'il aimait la gloire et qu'il avait promis d'assurer le bonheur de ses sujets; de sorte qu'il est vrai de dire, que c'est le roi qui nourrissait Paris pendant qu'il l'assiégeait, qui a réellement régné sur la France pendant onze mois et non les Bourbons de Hatwel.

Louis XVIII ne veut point être roi *des Français*; il s'intitule par la grâce de Dieu, roi *de France*, etc., il date ses ordonnances de la dix-neuvième année de son règne; de sorte que toutes les gentillesses de la révolution se sont passées sous son administration. Son *Dambray* et son *Blacas* veulent absolument faire reprendre les perruques à trois marteaux, les talons rouges et les hauts de chausses à braguettes; déjà les billets de confession sont commandés à l'imprimerie royale.... Voilà pour l'intérieur. A l'extérieur, sans considération, puisqu'il était sans armées, on méditait de le dépouiller de quelques-unes de ses provinces du nord, les spoliateurs, comptant bien qu'ils n'éprouveraient pas plus d'opposition pour cela qu'ils n'en avaient rencontré lorsqu'ils avaient demandé et obtenu la riche Belgique et les départemens du Rhin. N'est-ce pas là, bien sommairement sans doute, la situation du peuple français au mois de février dernier?

Cependant, Napoléon ne peut être indifférent sur le sort de ce peuple magnanime : on ne peut oublier ce qu'on a tant chéri! Il est instruit de son avilissement; il connaît toutes les fautes de son compétiteur; les larmes que l'indignation fait répandre à ses vieux compagnons d'armes tombent sur son cœur, il en est embrâsé.... Il conçoit le projet d'être encore son libérateur, son ange tutélaire, déterminé par de si nobles motifs, et non par des privations que lui fit éprouver une mauvaise foi insigne qui serait sévèrement réprimée par les lois, si des particuliers s'en rendaient coupables, mais qu'on justifie toujours quand ceux qui en salissent l'histoire de leur vie ont une couronne sur la tête. Le mal était à son comble : il n'hésite pas, et confie encore une foi au liquide élément, ses destinées et les nôtres. Le premier mars, il aborde heureusement à Cannes : de ce point à Paris, il y a plus de *deux cents lieues*. Il n'a avec lui qu'une poignée de braves; son rival est sur le trône investi de la toute puissance. Eh bien ! le 20 au soir, il couche au château des Tuileries !

Ne faut-il pas être archi-fou ou impudemment de mauvaise foi, pour prétendre que l'homme qui a exécuté une chose aussi étonnante, sans avoir eu besoin de tirer un *seul* coup de fusil, a fait cette chose contre *la volonté du peuple.* Sans doute il l'a faite contre *la volonté du peuple des salons ;* mais bien certainement il a eu pour lui l'assentiment du peuple qui *laboure*, du peuple qui exploite les manufactures, *du peuple* qui enrichit l'état de son industrie et de son activité, du peuple enfin, qui, par ses lumières et son savoir, dirige l'opinion publique ; car s'il en eût été autrement, ces divers peuples n'aurait eu qu'à se presser pour l'étouffer lui et les siens : il est passé à travers une population de plusieurs millions d'individus ! Louis part de Paris le 19 à minuit ; il a couché à Lille le 22, et le 25 il était à Ipres. C'est-à-dire, proportion gardée, il a parcouru un même espace de terrain dans aussi peu de tems, et Napoléon n'avait pas usé de représailles envers lui ; il n'était pas hors de la loi. Or le *peuple* n'ayant pas *repoussé* l'un et *retenu* l'autre, a manifestement exprimé qu'il voulait conserver l'un et voir l'autre s'éloigner.

Quel reproche fondé le comte de Lille peut-il avoir à faire à l'armée française, de ne l'avoir pas défendu ? Mais, il n'était pas attaqué ; de ne l'avoir pas maintenu sur le trône ? mais la nation n'en voulait plus. Fallait-il donc que l'armée tirât l'épée contre le peuple ? qu'elle incendiât les villes et les campagnes, pour maintenir la souveraine puissance dans les mains inhabiles qui n'avaient pas su en user ? Le soldat français n'est point un cosaque qui n'a d'autre patrie que sa caserne : il ne saurait concourir à l'asservissement de son père et de ses frères. La force des choses fit qu'en 1814, il fut contraint de sacrifier ses plus chères affections aux vœux de la patrie; il céda sans résistance. En 1815, cette même force des choses rend indispensable le retour du héros qui, tant de fois, le conduisit à la victoire. Devait-il donc le repousser? l'eût-il pu même? non. La dernière heure du règne des Bourbons avait sonné; il fallait que leurs destinées s'accomplissent. Si Napoléon n'était pas revenu, le trône des lys ne s'en écroulait pas moins, et notre belle et chère France eût été en proie à tous les déchiremens de l'anarchie, que les fautes du cabinet de Louis XVIII étaient parvenues à faire envisager sans effroi. Il est impossible que le royaliste le plus déterminé puisse nier cette grande vérité : l'armée n'a point appelé l'Empereur, autrement que de ses vœux; il s'est présenté de lui-même, conduit par le génie tutélaire de la France. Les premiers corps qu'il a rencontrés dans sa marche triomphale ont, on ne peut trop le répéter, malgré la force irrésistible qui les entraînaient vers lui; ont, dis-je, conservé une attitude respectueusement neutre. Le peuple à qui appartenait l'initiative de la joie bruyante et publique, a donné le signal; et ma foi, les braves d'Austerlitz, d'Jéna, etc., ne se le sont pas fait dire deux fois: ils ont fait chorus.

Depuis l'entrée à Lyon et le retour du comte d'Artois à Paris, époque où la question a été tout-à-fait résolue en faveur de Napoleon, l'armee qui avait été insultée, avilie en masse et en détail par chaque membre de la famille royale, a-t-elle usé de la moindre représaille? Partout où le roi a passé avec les siens, a-t-il entendu une seule voix ajouter l'insulte au malheur? L'opinion de le retenir comme otage et garant de la sûreté de la France, si naturelle dans les circonstances, a-t-elle été émise par aucun corps, aucune fraction de corps? Cependant, l'histoire est pleine d'exemples qui eussent autorisé une telle démarche. Non, partout, le soldat français s'est conduit avec noblesse et loyauté. En effet, qu'a-t-il répondu aux insinuations des émissaires de Louis XVIII, soit à Lille, soit dans les autres places qu'il a traversées pour sortir de l'Empire? « Nous ne *voulons* pas nous battre contre nos concitoyens; nous *n'irons* pas porter le fer et le feu au sein de la patrie. » A Bordeaux, comment se conduisit le brave et loyal 8e. régiment d'infanterie légère? La duchesse d'Angoulême, que tout Français vénérait à cause de ses malheurs, qui même eût été adorée, si elle n'eût repoussé tous les cœurs, était enfermée dans cette place où elle essayait de lutter contre le destin et la volonté nationale. Elle apprend que le général Clausel est aux portes de la ville, prêt à les forcer; elle court éplorée au Château-Trompette où était caserné ce régiment; elle demande à ces braves assemblés, s'ils voulaient passer la rivière et combattre Clausel; tous répondent *non*; elle insiste, et leur demande s'ils resteront neutres dans le cas où la garde nationale l'attaquerait; ils répondent : *non*. Enfin, pleine d'effroi, elle fait une derniere question, suffoquée par les larmes: « Voulez-vous me trahir, et me livrer à mes ennemis? Tous spontanément s'écrient : *non*; *mais nous ne voulons pas la guerre civile, et vous demandons de quitter la France*......... Il est impossible que, malgré le fâcheux de sa situation et la contrariété qu'éprouvait la princesse, elle n'ait pas admiré toute la magnanimité d'une telle conduite. Oh! mille fois heureux, dut-elle se dire à elle-même, le monarque qui commande à de tels soldats !

Oui, mon brave camarade, ceci doit nous rendre fiers, toi et moi qui sommes de la bonne roche, de porter encore la grenade et de voir que nos jeunes cadets pensent et agissent comme nous. Oui, le beau caractère français s'est conservé intact, et cet élan sublime, ce sentiment religieux qui fait la véritable puissance des armées, l'honneur national enfin, existe encore dans toute sa pureté sous nos aigles belliqueuses.

Que veulent-ils nous dire, ces enfans dénaturés qui cherchent à ensanglanter la terre qui leur donna la vie, en nous parlant du panache blanc ? . . . . . Pardon, Lavaleur, si je m'arrête ; l'heure du départ du courrier a sonné ; je remets donc la suite de ce paragraphe à la prochaine.

Tout à toi. Ton camarade LAFRANCHISE,
grenadier.

P. S. Tu m'avais demandé de t'envoyer une constitution. Ma foi, mon ami, n'ayant paru, comme tu sais qu'une *addition*, qui renvoye à d'autres actes et à des sénatus-consultes, j'ai été au moment de t'envoyer tout le paquet, et tu aurais enragé ta vie pour démêler dans toutes ces paperasses, ce qui a été conservé d'avec ce qui a été proscrit, lorsque j'ai appris qu'un bon citoyen s'était chargé de la besogne pour en éviter la peine à de pauvres diables comme toi et moi, qui n'ont ni les moyens, ni le loisir de se livrer à ces recherches et rapprochemens : son ouvrage se vendant chez ROSA, libraire, au cabinet littéraire, grande cour du Palais-Royal, et galerie vitrée, n°. 226, j'y ai couru ; et pour *un franc* j'ai eu une jolie petite constitution joliment troussée, je t'en réponds. Je l'ai communiquée à notre camarade Rusé, sergent-major en retraite, qui, comme tu sais, est un savant; après l'avoir lue avec attention, il m'a dit que ce petit recueil, rédigé avec méthode, ordre et clarté, était excellent, et devenait indispensable à tous les militaires et à tous les citoyens. Moi, je me suis dit et tu le diras de même : le mieux de tout cela, c'est que ce petit volume est fait de sorte qu'il pourra, sans embarras, trouver sa place dans le sac de chaque brave, tout juste dans la cachette où pendant le tems d'exil et de deuil, il a conservé l'aigle de son *chakos*.

N. B. J'invite tous mes camarades des armées de terre et de mer, à me faire part de tout ce qu'ils croiront pouvoir alimenter ma correspondance avec Lavaleur : sa reconnaissance et la mienne leur sont assurées d'avance. On peut m'écrire, franc de port..... Ah dame! lurons! c'est que je suis à la demi-solde, voyez-vous : ainsi donc *franc de port,* chez Mme. V^e^. Perronneau, quai des Augustins, n°. 39.

www.ingramcontent.com/pod-product-compliance
Lightning Source LLC
LaVergne TN
LVHW010339230826
846091LV00009B/3939
9782019234157